LE LABO DE TON CERVEAU

Tome 2 : arrête de penser !

Proposé par Bruno Vandenbeuck

Projet soutenu par :

Ecole de l'Harmonie – 28290 Arrou
Page Facebook : Les Fées Relax

Blog Le Labo de TON Cerveau : lelabodetoncerveau.over-blog.com
Site : http://lelabodetoncerveau.wix.com/apprendre-le-cerveau
Page Facebook : Le Labo de TON Cerveau

Loi n°49-956 du 16 juillet 1949 sur les publications destinées à la jeunesse, modifiée par la loi n°2011-525 du 17 mai 2011.

© 2017, Bruno Vandenbeuck
Editions : BoD – Books on Demand
12/14 rond-point des Champs-Elysées – 75008 Paris
Impression : BoD – Books on Demand
Norderstedt – Allemagne

ISBN : 978-2-3221-0175-7

Dépôt légal : Février 2018

Le Labo de ton cerveau c'est jouer avec ce que tu es capable de faire, déjà.

C'est aussi un mode d'emploi de ton cerveau que tu peux COLORIER comme tu veux => c'est TON jeu, donne-lui du SENS

Maintenant que tu sais jouer avec ton mental,

⬇

Tu sais choisir d'être Présent,

⬋

Tu connais l'importance d'être calme pour mieux retenir.

⬊

Jouons !

Le Level 2 va te montrer comment choisir la pensée dont tu as besoin Maintenant 😃

C'est par là ➡

( Niveau)

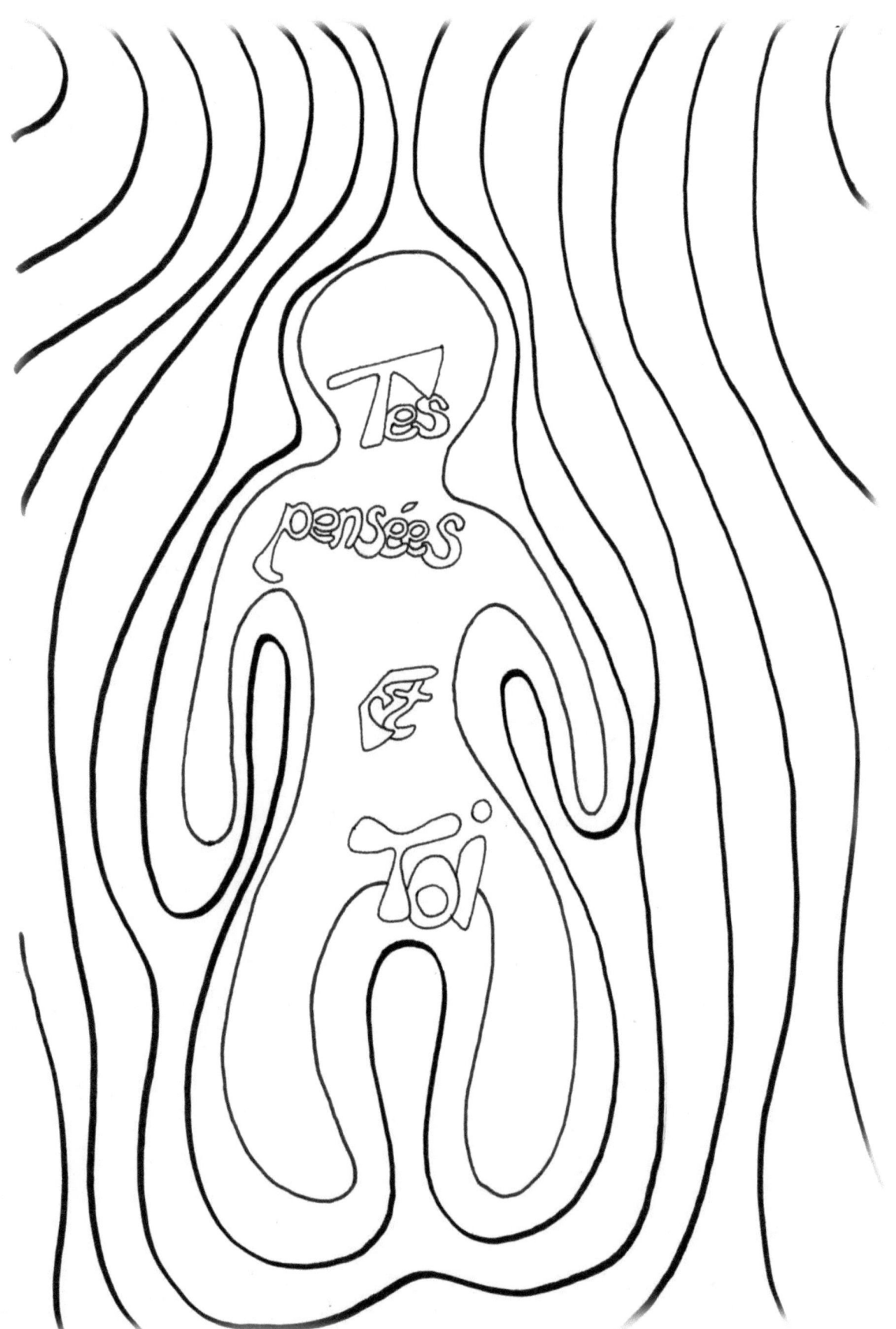

je vais te raconter une histoire où le Cavalier c'est toi, ta partie consciente ;
et le Cheval est ton Mental.

Vois comment tu peux fonctionner...

*C'est bien parfois
de donner la direction
à son cerveau
pour être sûr d'aller
dans la même...
... Direction ...*

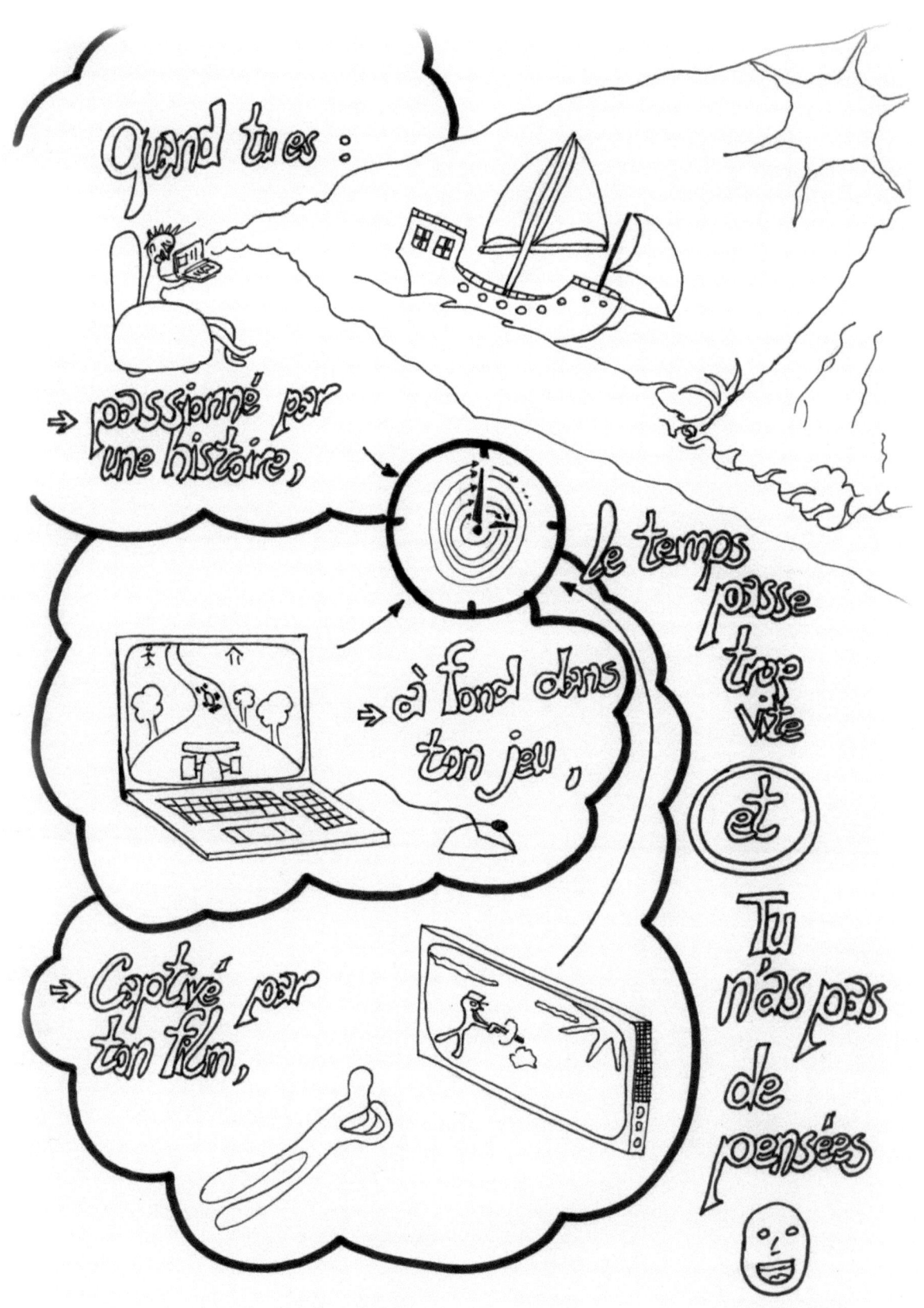

Quand tu es à fond sur une activité, et que tu l'♡,

Tu ne penses pas !

Espace Jeu

Pour te monter comment choisir ta pensée, il vaut mieux jouer !

2 jeux ⇒ à découvrir

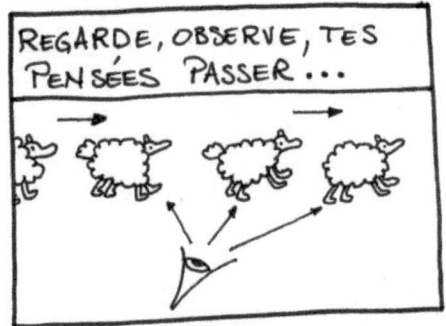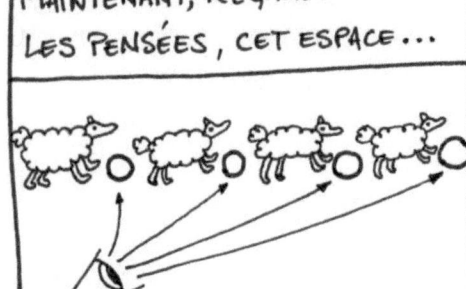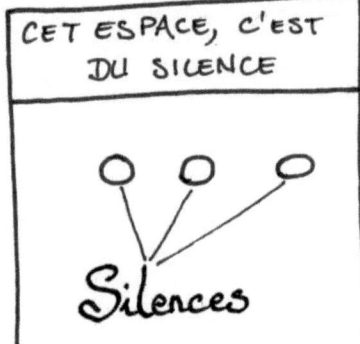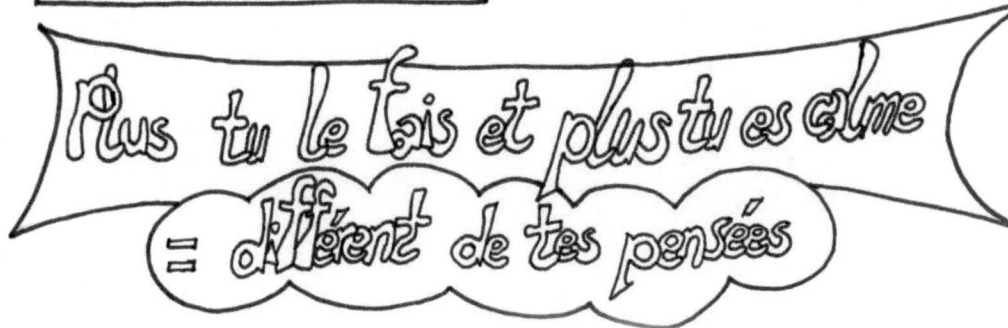

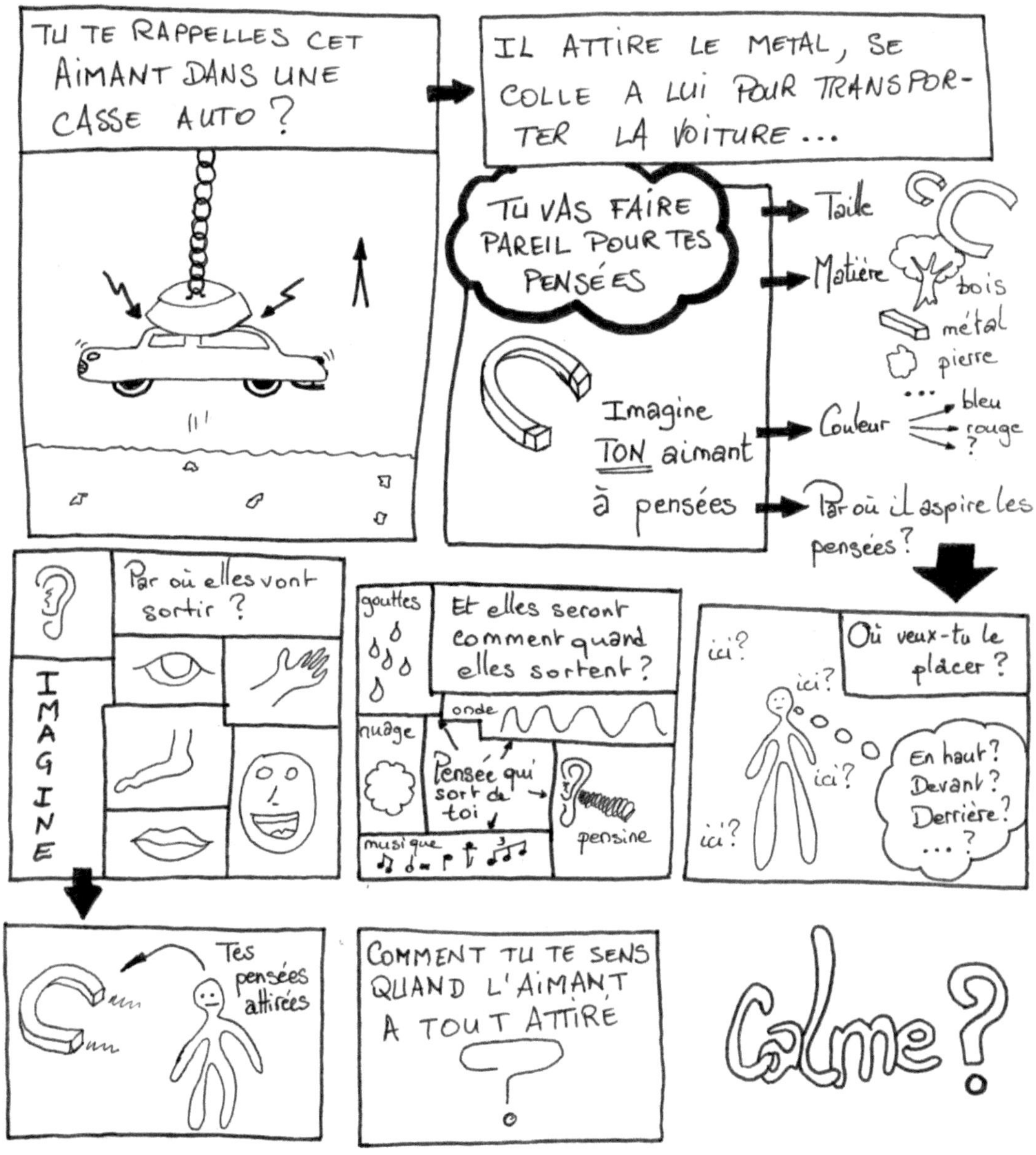

Tu as vu ?
Tu es différent de tes pensées.

Maintenant,
choisis qand TU VEUX être tes pensées et quand TU SAIS que tu n'es pas tes pensées.
+ tu te libères de tes pensées
+ tu es calme

Et...

Et tu sais,
arrêter ses pensées, ce n'est pas
un combat :

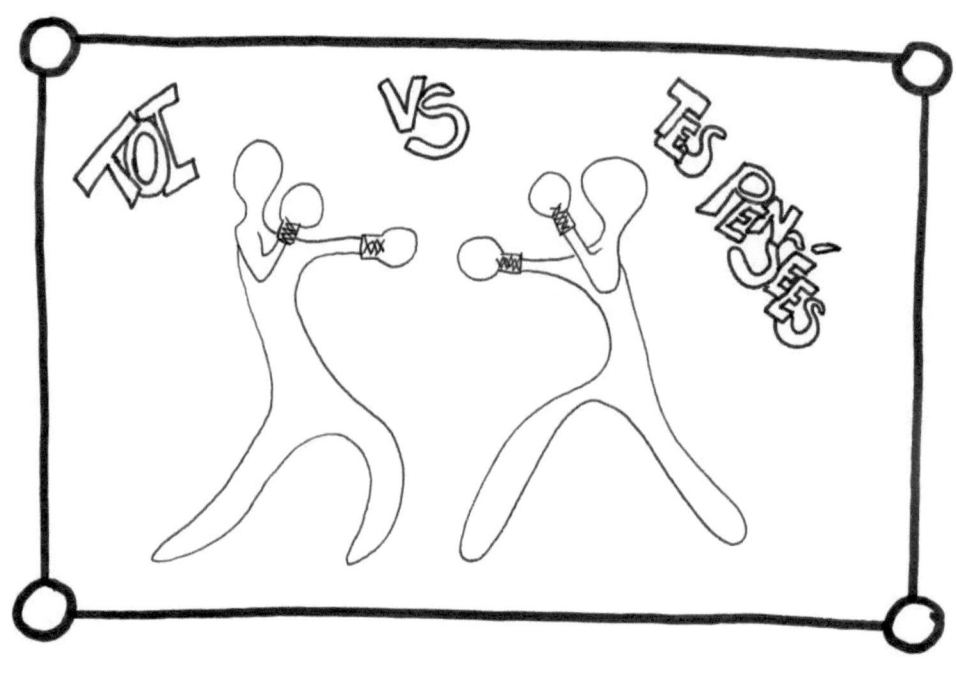

Je t'explique comment ton cerveau fonctionne →

Petite histoire du cerveau :

Entraîne-toi à imaginer ce que tu veux, ce qui est important pour toi.

Qu'est-ce que tu veux, quand tu :

➢ fais des maths

➢ fais du foot

➢ fais de la cuisine

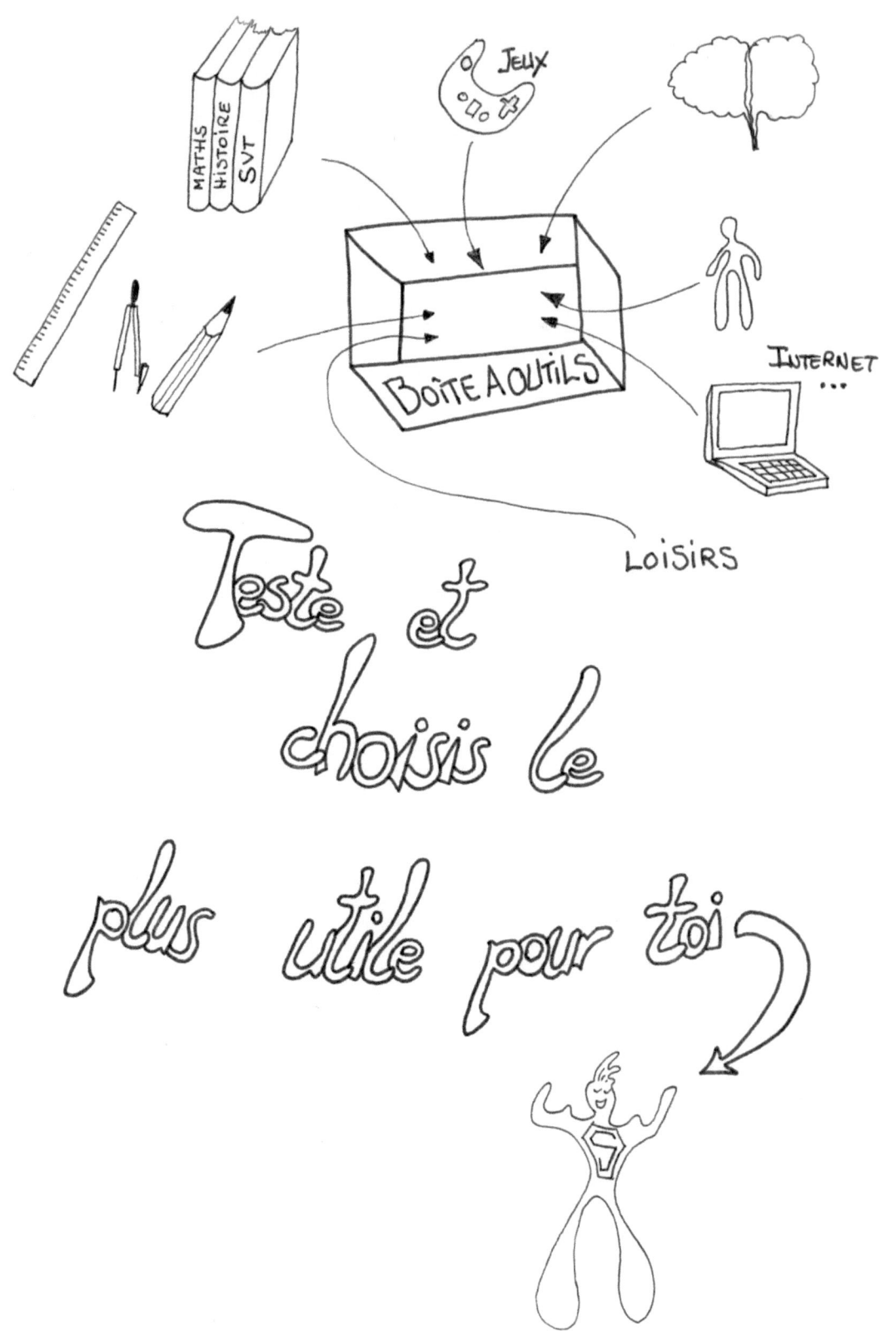

  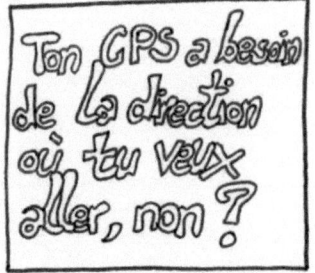

Ton cerveau a besoin de ta direction pour avancer !

Pour mieux avancer, dis où tu veux aller !

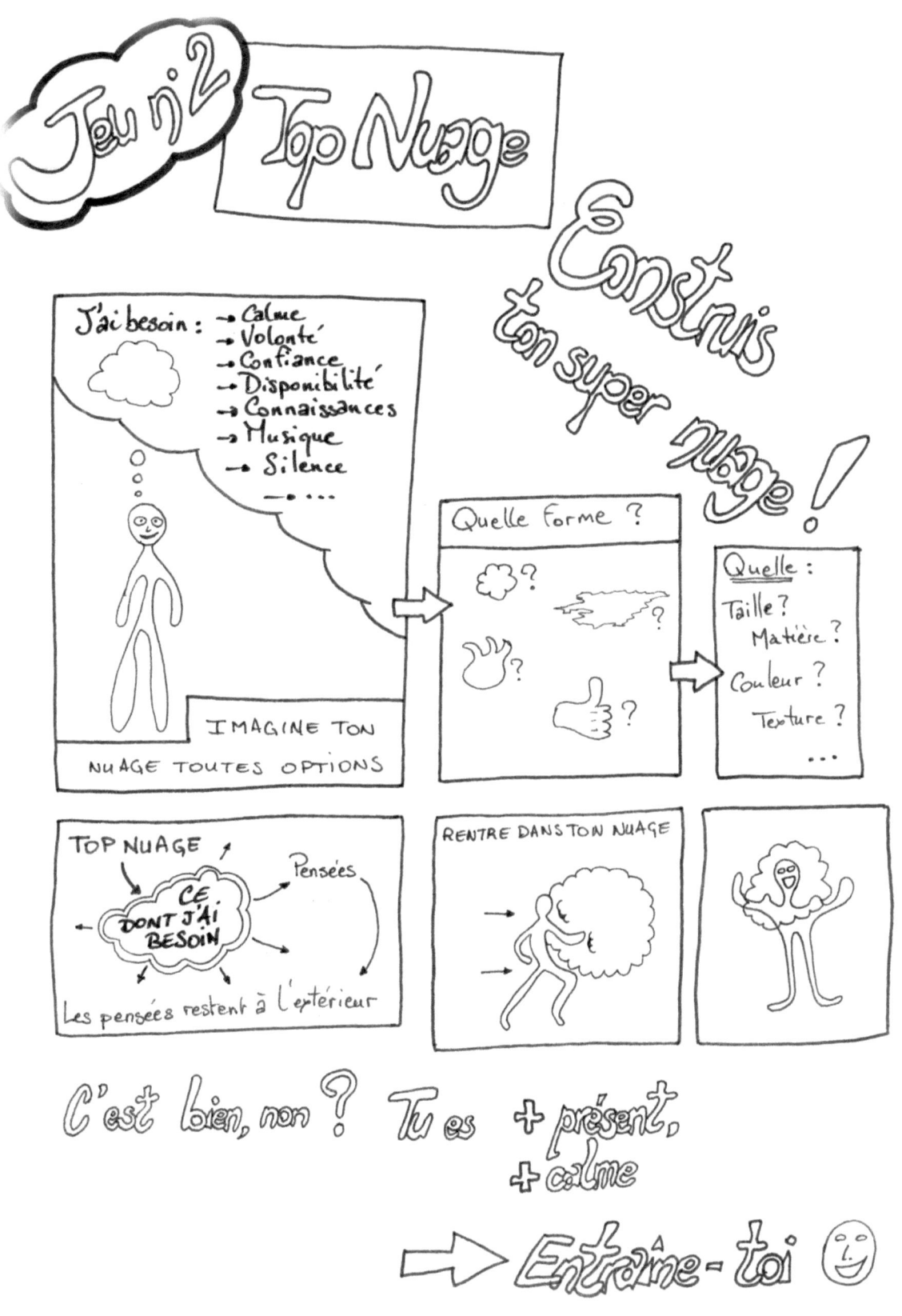

Souvent, ce calme, ce silence, ouvre un espace libéré des pensées...

AIR PENSÉES

A certains moments,

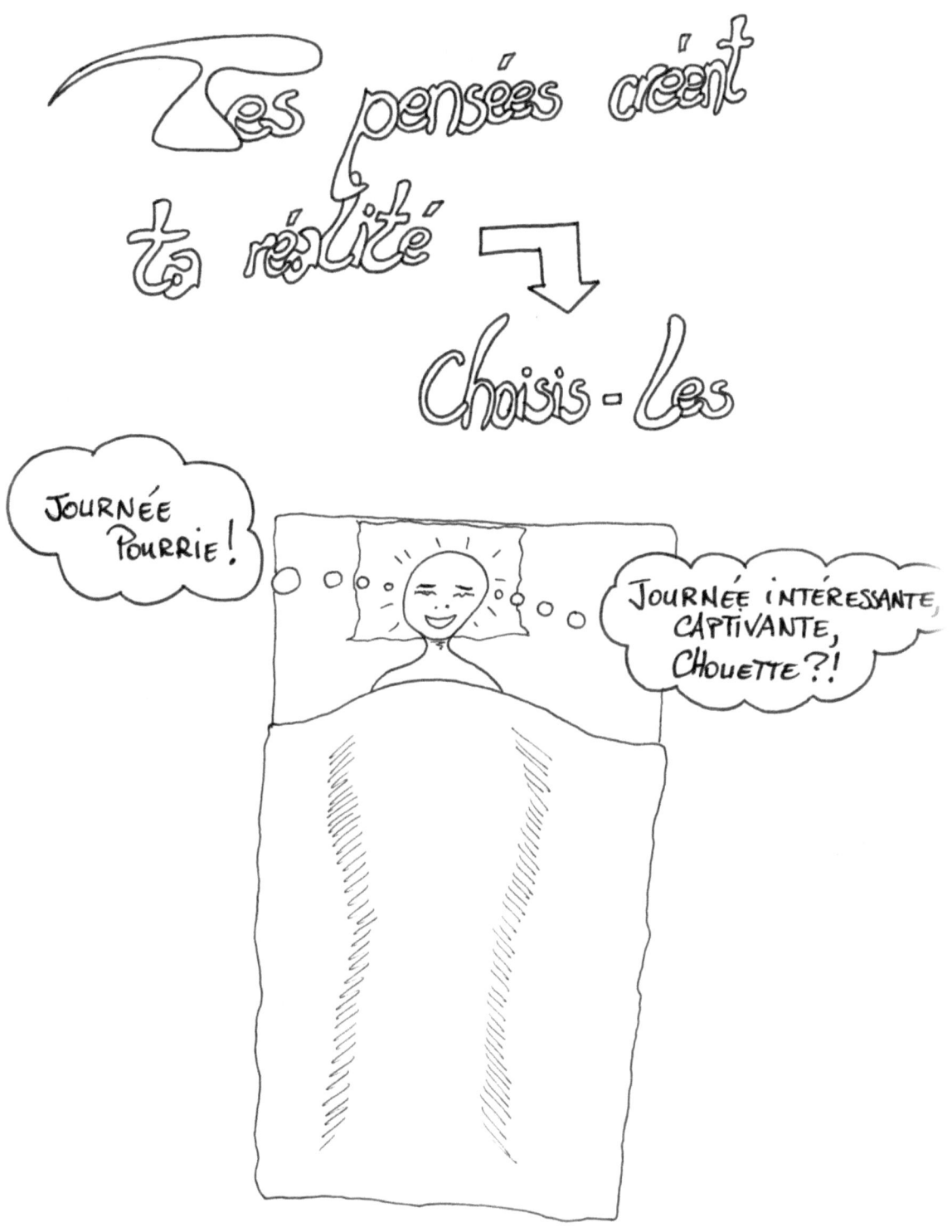

Chaque pensée est reliée à ton corps, à tes émotions,

(Pensée) (Pensée) (Pensée) (Pensée) (Pensée) (Pensée)

et c'est TOI qui les choisis !

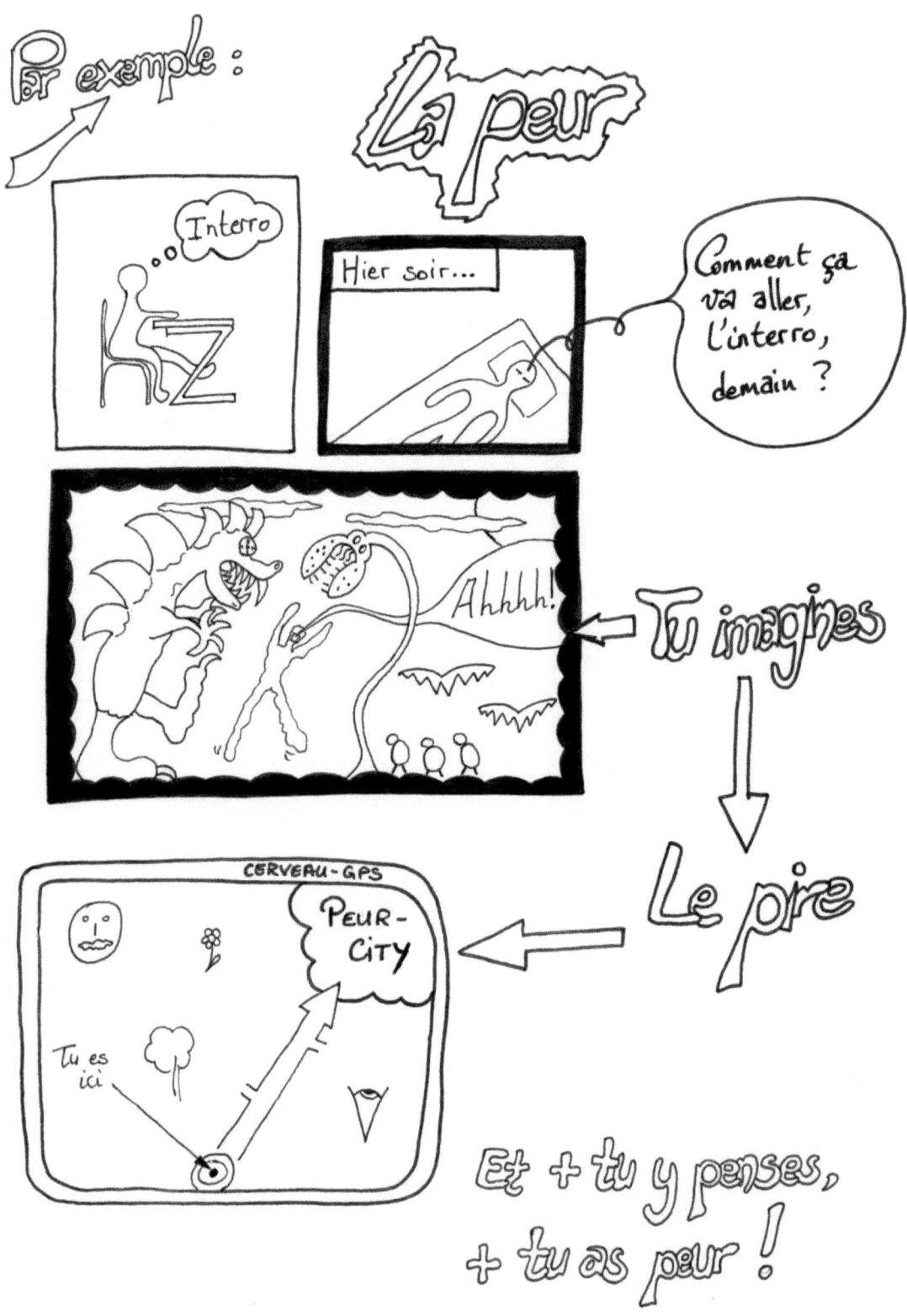

Et dans ton corps, elle se trouve où la peur ?

Ici ?

Ici ?

Ici ?

Ici ?

Ici ?

Ici ?

Ici ?

Déplace-la 😉

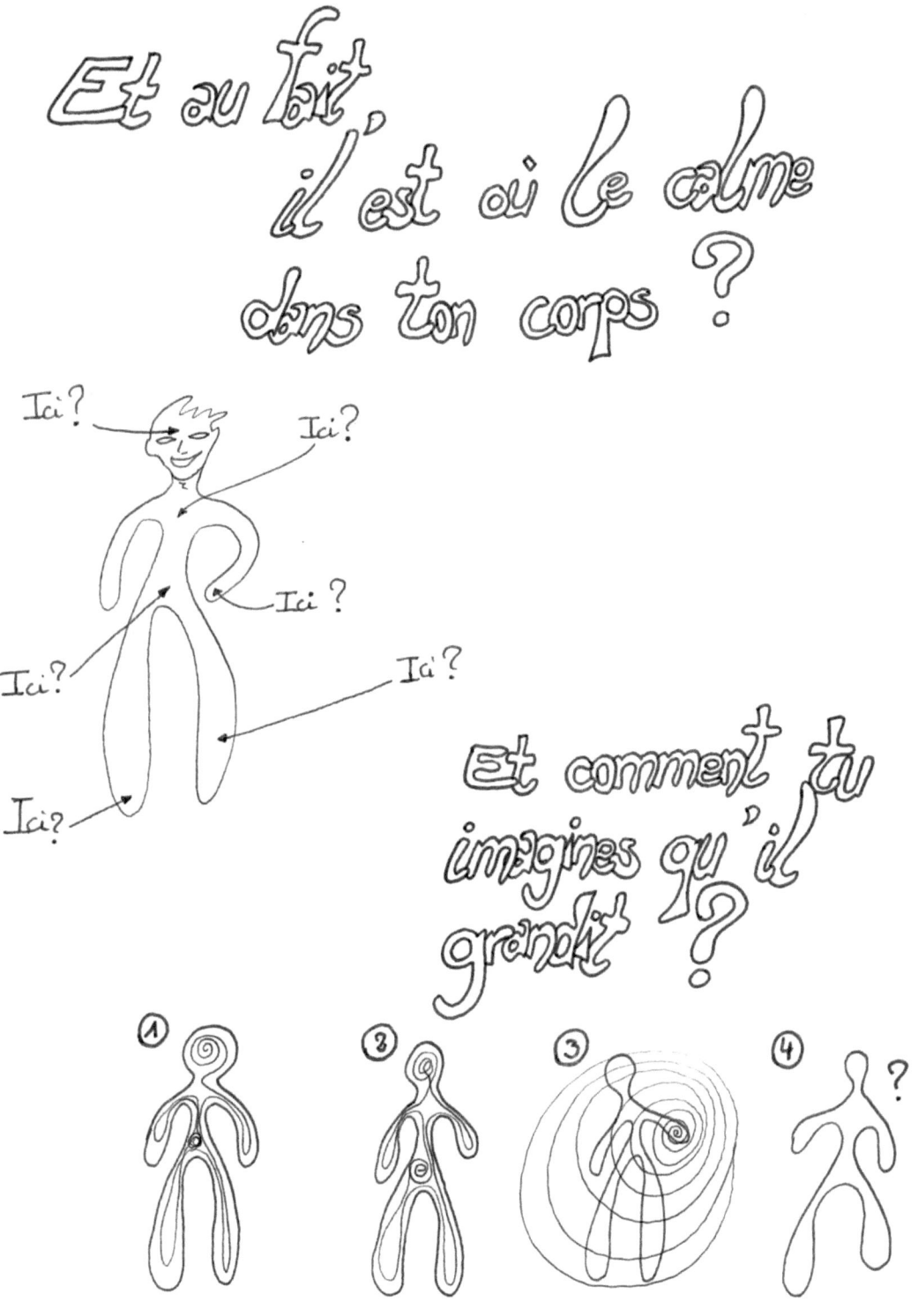

Tu sais, maintenant, que tu peux faire pareil avec chaque émotion.

Joie

Peine

Envie

Courage

Curiosité

Confiance

...

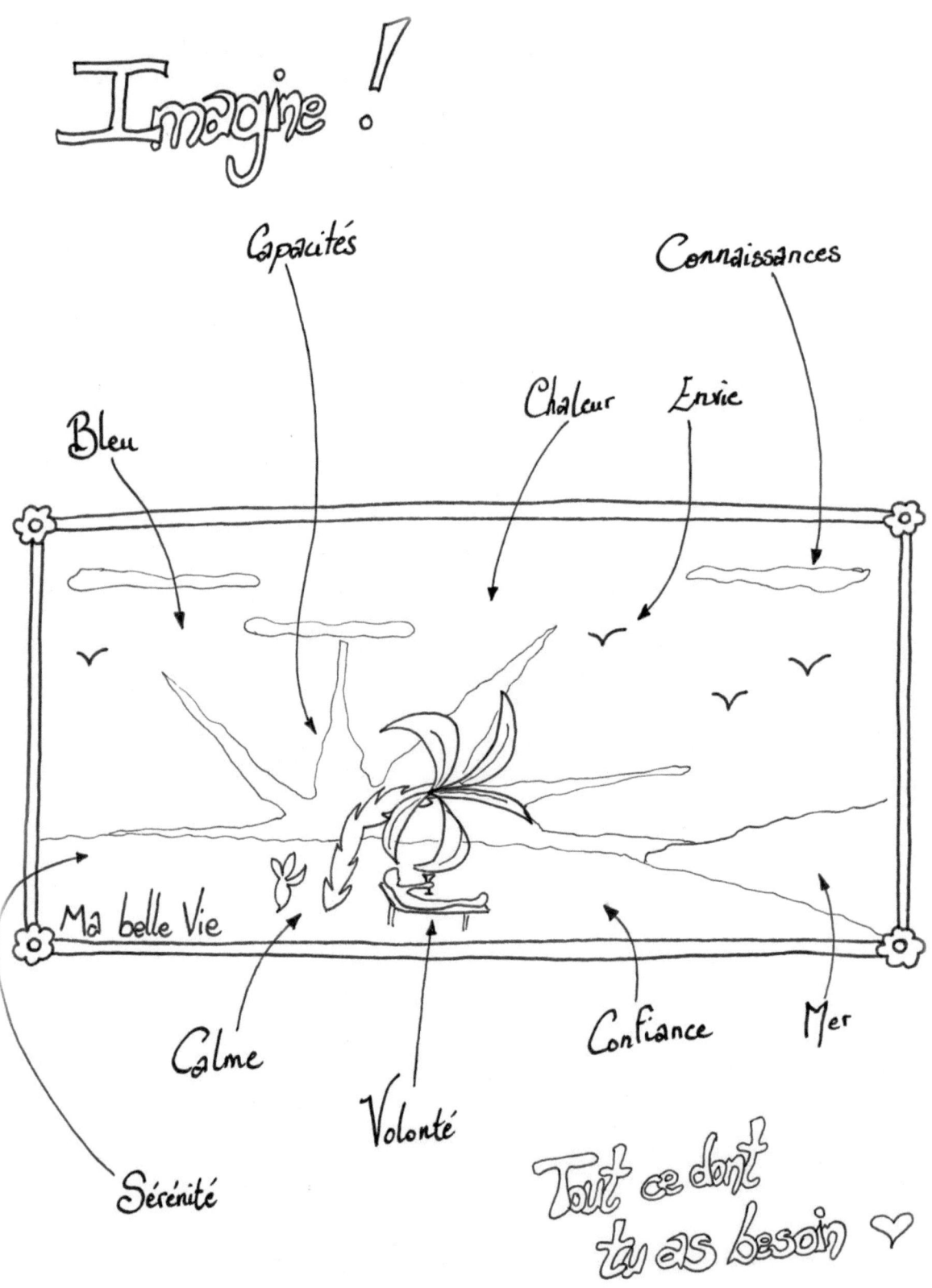

Les émotions = Tous ces trucs qui chatouillent ton corps.

- La joie
- La tristesse
- La confiance
- La peur
- Le calme
- La colère

... Et beaucoup d'autres que tu connais 😊

+ tu les connais,
+ tu peux les choisir !

Comment tu les connais mieux ?

Imagine une émotion — Toi

Ça commence où ? — Par exemple JOIE : légèreté ? sourire ? chaleur ? vibration ?

Et ensuite...

MAINTENANT

Comment ça grandit ? — tourbillon, explosion, rayonnement, vibration

À chaque fois tu peux rappeler la JOIE. Tu la connais bien.
Tablette Cerveau

Et + tu en connais, mieux tu te connais.

Vu comme tu connais de + en + comment tu fonctionnes,

Pense maintenant à ce qu'il se passe dans ton futur avec cette nouvelle connaissance de ton fonctionnement...

La nouvelle journée :

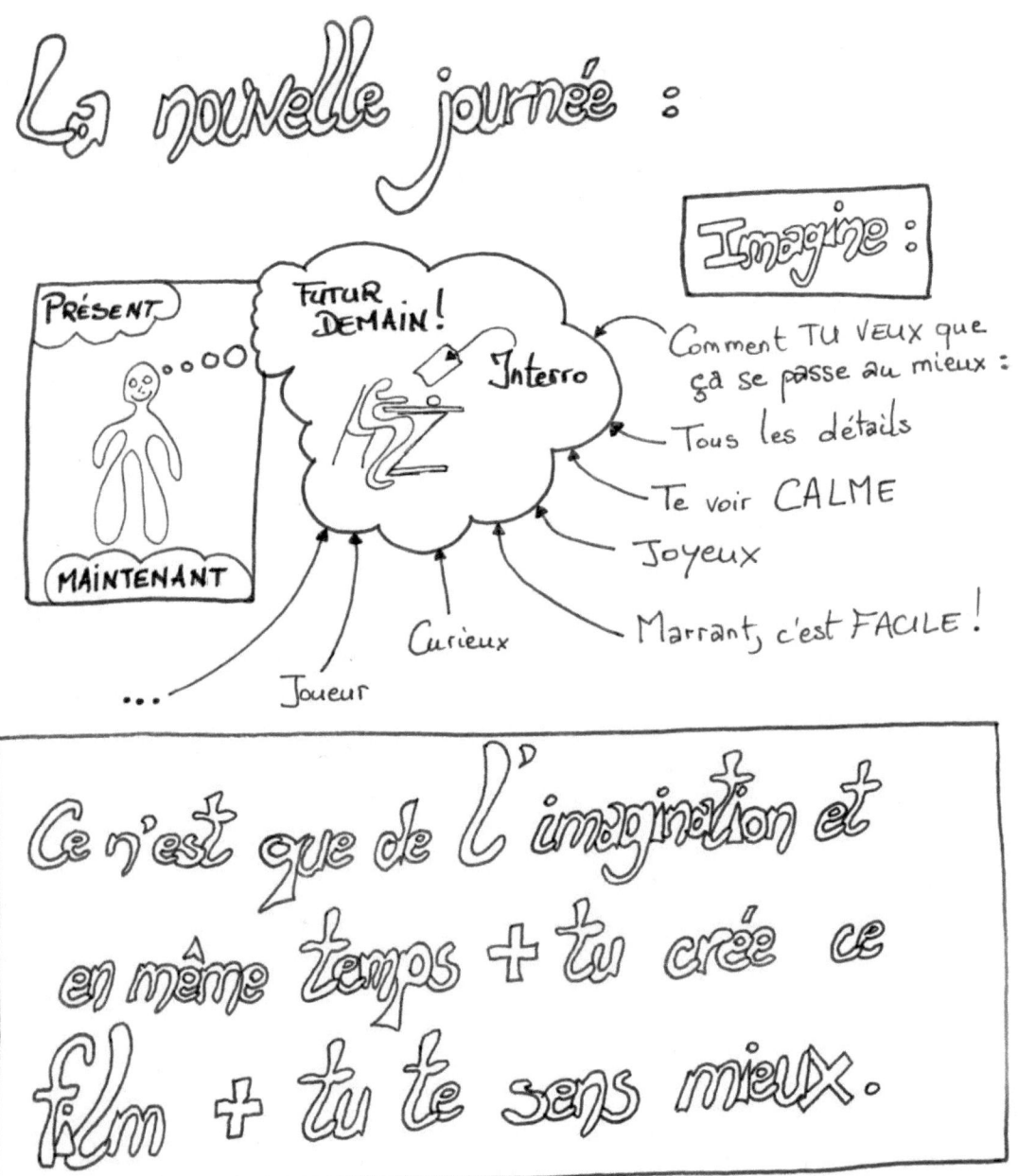

et tu peux te rappeler, juste un instant, qu'avant tu faisais la même chose en imaginant que ça n'allait pas bien se passer...

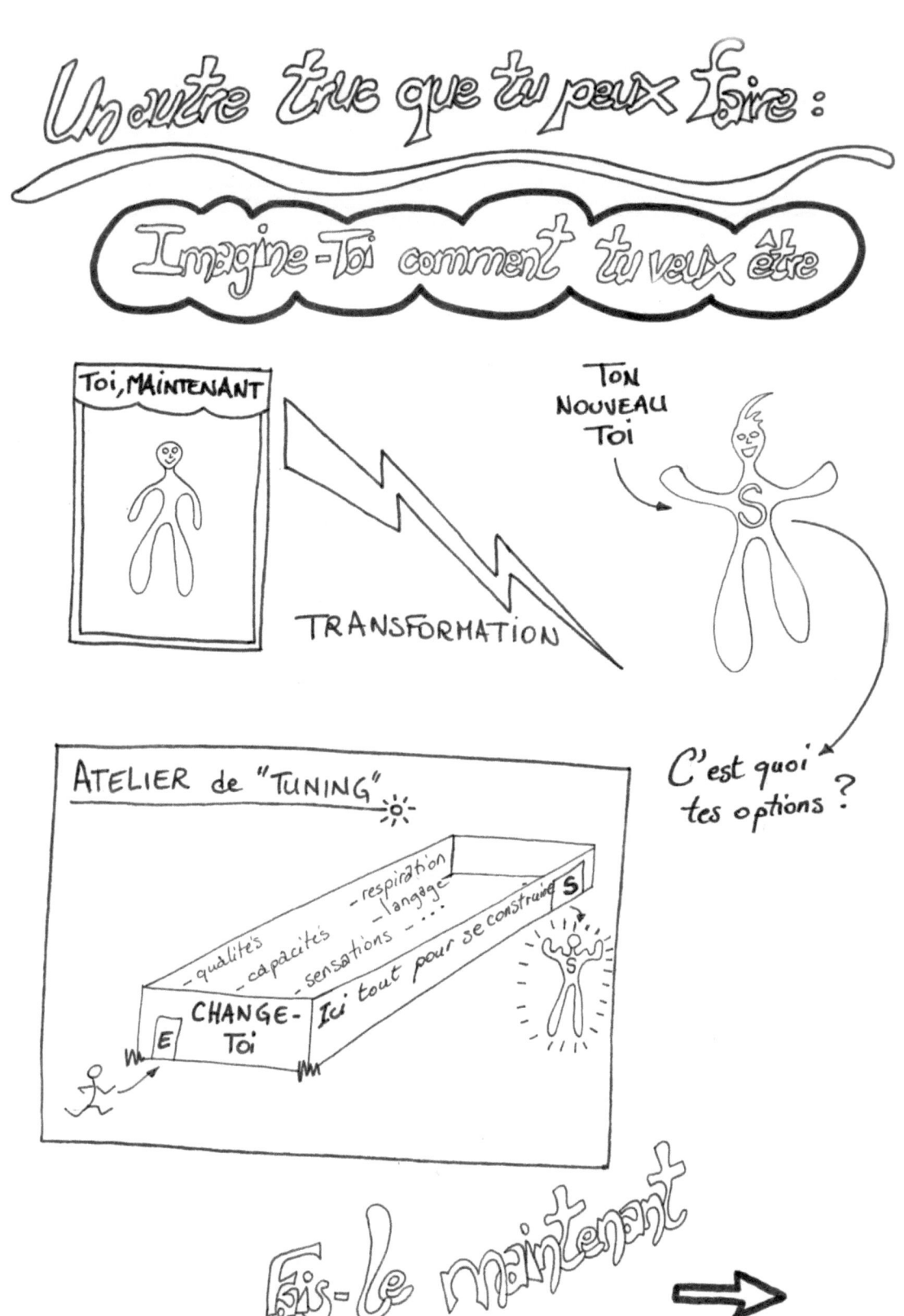

1) Dessine ton toi d'aujourd'hui, simplement (🯅 ou 👶)

2) liste tes options
   ↳ et dessine-les autour de ton ancien toi

3) Dessine ton nouveau toi avec tes outils tout neuf

apprends à jouer avec !

Chouette, non ?

Voilà, c'est le moment de se quitter pour mieux se retrouver dans le TOME 3 : Tu réussis ?

Ici, tu as appris à jouer avec tes pensées. Maintenant, TU SAIS que tu peux les choisir, comme tes émotions, pour être comme c'est mieux pour TOI !

Je me demande comment TU vas jouer avec tout ça ?